ABC
EN
IMAGES.

A B C

EN

IMAGES.

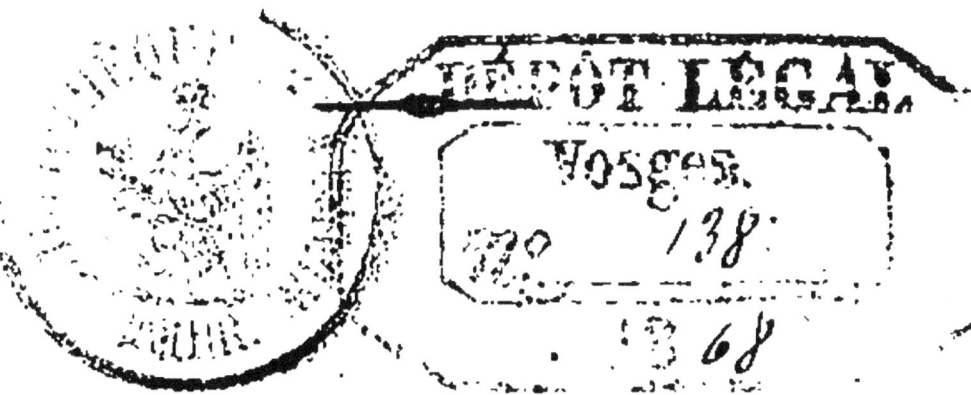

ÉPINAL,
IMPRIMERIE DE PELLERIN ET Cie.

1866.

Mots de deux syllabes.

Pè-re.   Mè-re.
Bi-jou.   Pa-trie.
Toi-le.   Rai-sin.
Frè-re.   Se-rin.
On-cle.   Tan-te.
Chai-se.   Bon-té.
Cou-sin.   Ca-det.

Mots de trois syllabes.

Bâ - ti - ment.
Doc - tri - ne.
En - ton - noir.
Im - pri - meur.
Ins - tru - ment.
Or - fè - vre.
Ré - mou - leur.
Vi - gne - ron.

L'Oraison Dominicale.

Notre Père qui êtes aux Cieux, que votre nom soit sanctifié, que votre règne arrive, que votre volonté soit faite sur la terre comme dans le ciel : donnez-nous aujourd'hui notre pain de chaque jour, et pardonnez-nous nos offenses, comme nous pardonnons à ceux qui nous ont offensés; et ne nous laissez point succomber à la tentation, mais délivrez-nous du mal. Ainsi soit-il.

La Salutation Angélique.

Je vous salue Marie pleine de grâces, le

Seigneur est avec vous ; vous êtes bénie entre toutes les femmes, et Jésus le fruit de vos entrailles est béni. Sainte Marie, mère de Dieu, priez pour nous pauvres pécheurs maintenant et à l'heure de notre mort. Ainsi soit-il.

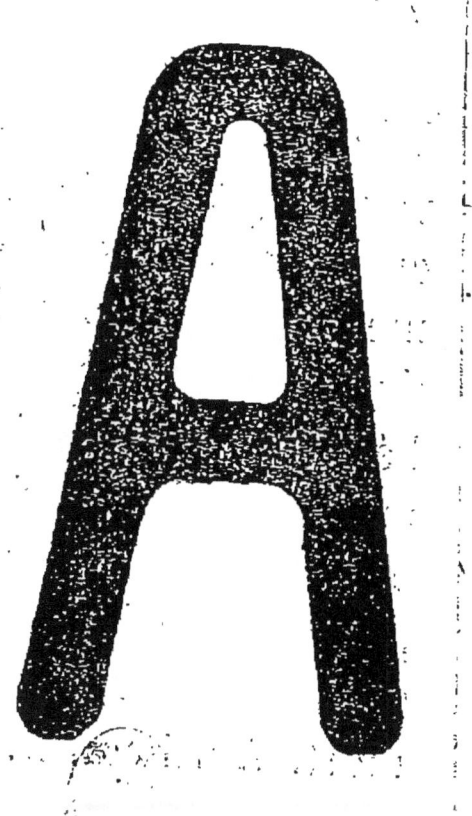

A

Ange.

Armure.

Bacchus.

Brochet.

C

Cascade.

Canard.

O D

Danseuse.

Domino et Dé.

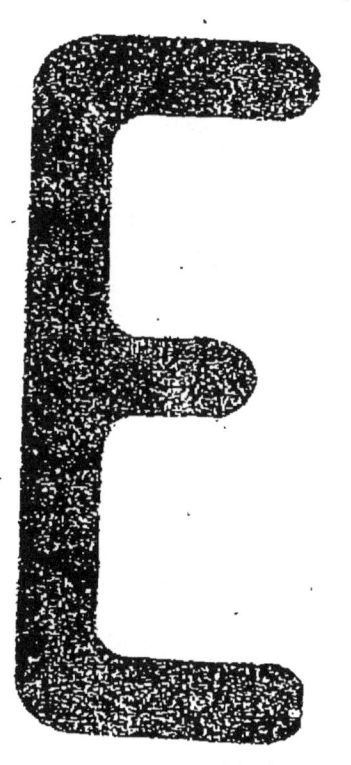

E

Empereur.

Étoile.

F

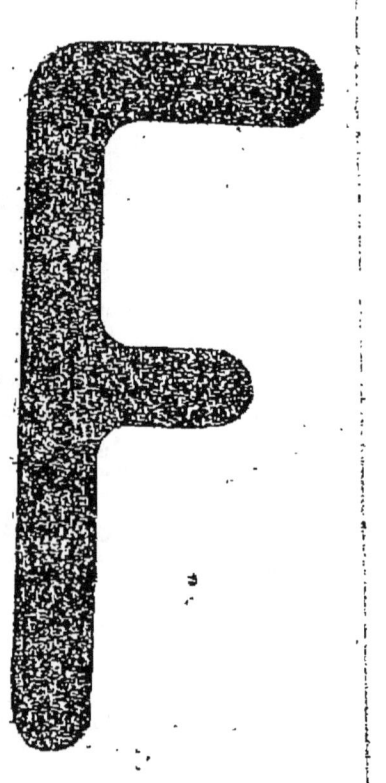

F

Fontaine.

Fouine.

G

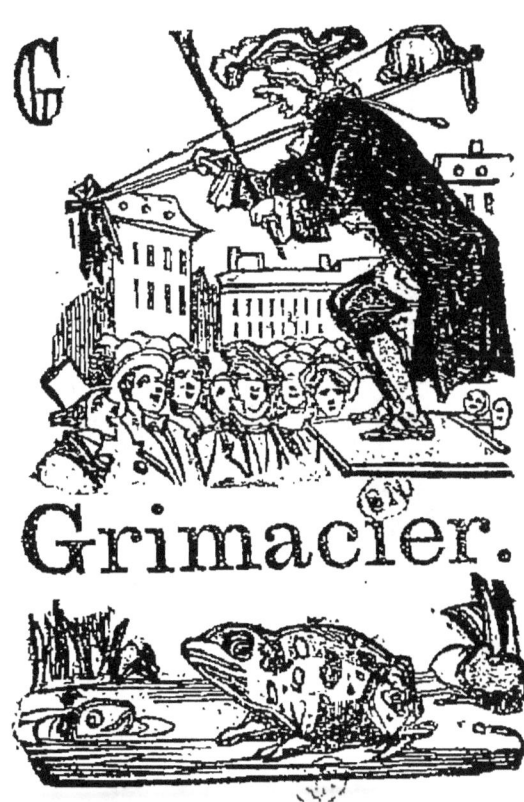

Grimacier.

Grenouille.

H

Harangère.

Homard.

I

Image.

Illustration.

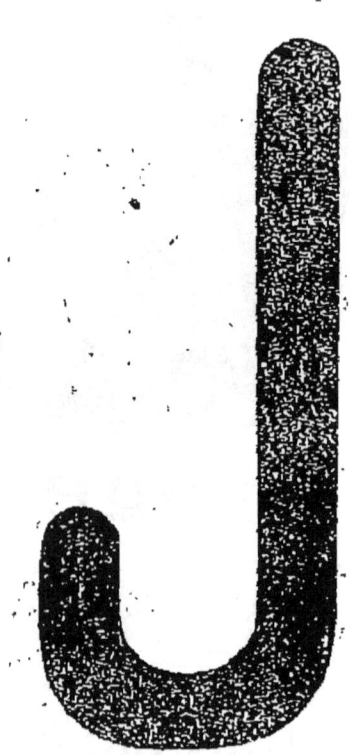

J

Jésus-Christ.

Jambon.

K

Kabyle.

Kiosque.

L

Laitière.

Livres.

M

Matelot.

Mouton

N

Nain.

Nœud.

O

Oriflamme.

Ognon.

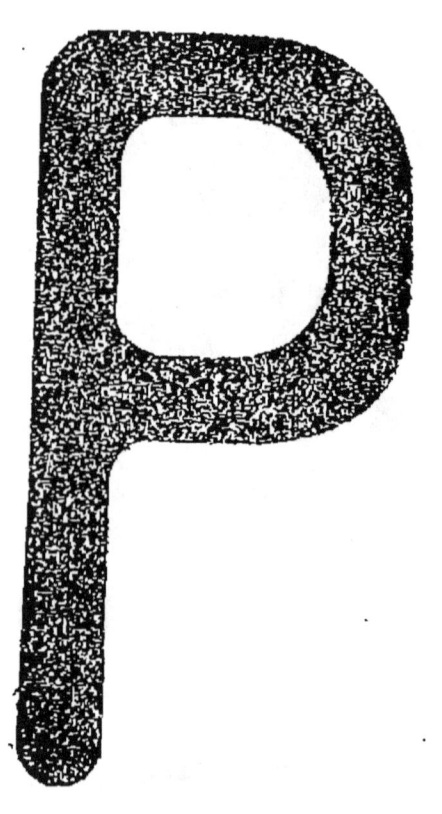

P p

Pirate.

Papillon.

Quêteuse.

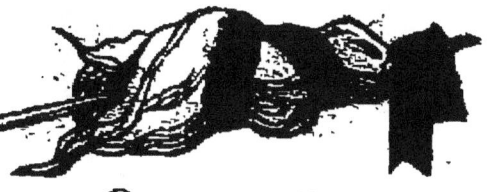

Quenouille

R r

Reine.

Rat.

Sorcière.

Saumon.

T

Talma.

Tarte.

Urne.

Ustensile.

V

Voleur.

Vipère.

Xénophon

Yatagan.

Yeux.

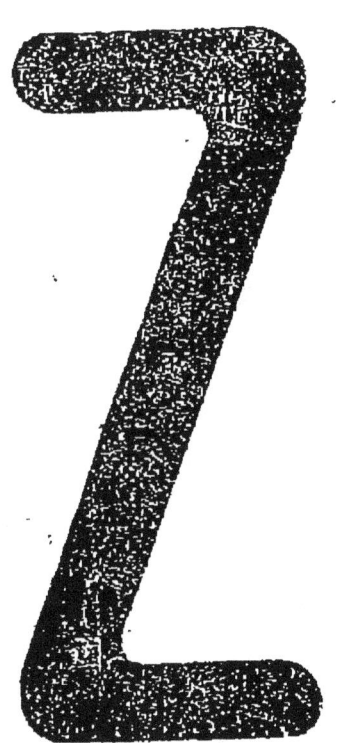

Zéphir.

www.ingramcontent.com/pod-product-compliance
Lightning Source LLC
Chambersburg PA
CBHW060904050426
42453CB00010B/1571